MW00788710

# An Ordinance Organizing And Establishing Patrols For The Police Of Slaves In The Parish Of St. Landry

# ORDONNANCE

*Pour organiser et etablir des Patrouilles pour la police des esclaves dans la Paroisse St. Landry.*

ART. 1. Le Juri de Police de la Paroisse St. Landry ordonne ce qui suit :

ART. 2. Tout homme blanc, libre, dont l'age ne sera pas au-dessous de 16 ans, ni au-dessus de 60 ans, qui demeurera dans l'Etat de la Louisiane et en la paroisse St. Landry, sera sujet au service de patrouille dans les limites du district de patrouille en lequel il réside, ou dans tout autre District où il lui-sera ordonné de se rendre.

ART. 3. Il sera du devoir du Surintendant de paroisse des patrouilles en sus des autres devoirs qui lui sont imposés par les lois actuelles :

1o. De diviser la paroisse en autant de districts de patrouille qu'il croira convenable, et qu'il pourra changer toutes les fois qu'il le jugera nécessaire.

2o. De nommer et commissionner dans chaque district de patrouille, une personne capable, comme Capitaine de Patrouille, et de faire remplir les places vacantes.

3o. De décharger tout Capitaine de Patrouille; d'accepter leur démission, et de demander et recevoir la commission de tout Capitaine de Patrouille qui quitterait les limites du district pour lequel il aurait été nommé, ou qui serait déchargé ou suspendu.

4o. De donner tels ordres ou telles instructions, aux Capitaines de Patrouilles, Chefs de

as he may deem expedient or necessary for the service.

5th. To pay attention that the Captains of Patrol perform the duties enjoined on them by law, and to cause to be prosecuted such as fail to perform any of their duties.

6th. To keep a list or roll of the persons appointed as Captains or leaders of Patrols, and the number of men under each leader, noting the dates of their several appointment, and of all changes, and to keep a copy of all orders or instructions by him issued.

7th. To form any settlement of free persons of color into a patrol District, on the petition of a majority of such persons being free holders, should he deem it expedient, and to cause all free persons of color residing in such District, between the ages of eighteen and forty-five years, to be enrolled and do duty as a patrol, in the limits of such Districts only, in the same manner and under the same responsibilities, penalties and forfeitures as the other patrols in this parish, *Provided*, That the patrols of free persons of color shall not patrol out of such district, or patrol on the plantations of any white person, unless specially requested in writing so to do. *And also provided*, That the patrols of white persons shall patrol in such district, the same as if it had not been erected into a patrol district, and the patrol of free persons of color shall at all times, and under every circumstance, be obedient and subordinate to all Captains, leaders, or patrols of white persons when on duty.

8th. To file with the Clerk of the Police Jury

Patrouilles, ou aux Patrouilles, relatifs à leurs devoirs respectifs suivant qu'il le jugera urgent ou nécessaire, pour l'exactitude du service.

5o. De veiller à ce que les Capitaines de Patrouilles remplissent les devoirs qui leur sont imposés par la loi, et de faire poursuivre ceux qui manqueraient de s'y conformer.

6o. De tenir une liste ou rôle des personnes nommées pour Capitaines ou Chefs de Patrouilles, du nombre des hommes sous le commandement de chacun d'eux, mentionnant les dates des diverses nominations, et de conserver copie de tous les ordres ou instructions qu'ils auront donnés.

7o. De constituer tout établissement de personnes libres de couleur en un district de patrouilles, sur la demande pétitionnée de la majorité des franc-allens du dit établissement, s'il le juge à propos ; et d'enrôler et rendre sujettes à un service de patrouilles, dans les limites du dit district seulement, toutes les personnes libres de couleur, depuis l'age de 18 ans jusqu'à 45, de la même manière, sous la même responsabilité, et les mêmes peines que les autres patrouilles de cette paroisse. Bien entendu, que les patrouilles composées de ces personnes libres de couleur, ne feront pas le service de patrouilles hors de leur district, ni sur aucune habitation occupée par des individus blancs, à moins qu'elles n'en soient spécialement requises par écrit. Bien entendu, de plus, que les patrouilles, composées d'individus blancs, feront le services de patrouilles dans le district des personnes libres de couleur comme s'il n'était pas érigé en district de patrouilles, et les patrouilles de personnes

of this parish the boundaries of the patrol district made by him, as well as all the changes thereof. To deliver to the said Clerk a certified list of the Captains and leaders of patrol, with the number of the district or ward for which they have been appointed, whenever thereunto requested by the said Clerk or the Police Jury of the parish, and notifying to said Clerk all changes in any appointment.

9th. To report to the Police Jury of this Parish at every regular meeting, the manner in which the laws relative to the patrols have been executed, and suggesting such alterations in, or amendments to said laws as experience may have shown to be necessary or proper.

10th. To counsel and give advice to all Captains and leaders of patrol, whenever requested, relative to the duties enjoined on them by law, and to aid and assist them in making out their reports and returns, by furnishing them with blank forms therefor, and showing the manner in which they are to be filled in.

11th. At the expense of the parish, to cause all such books, blanks, papers, laws, &c., to be printed, as may be deemed necessary for the information and government of the patrols.

ART. 4th. In case the said parish Superintendent should at any time be unable to act, or should resign, or be dismissed, or be absent, his duties will be performed by the President of the Police Jury until the Superintendent is able to resume his duties, or a person is appointed in his place as the case may be.

ART. 5th. The persons to be appointed as Captains of patrol shall be bound to serve two

libres de couleur seront en tout temps, et dans toutes les circonstances, subordonnées aux ordres de tous les Capitaines, Chefs, ou patrouilles formées de personnes blanches, qui seraient alors en cours de service.

8o. De déterminer, conjointement avec le Greffier du Juri de Police de cette paroisse, les bornes des districts de patrouilles établies par lui, ainsi que les changements qui pourraient avoir lieu dans les dites bornes. De délivrer au dit Greffier une liste certifiée des capitaines et chefs de patrouille, avec le numéro du district ou ward pour lequel ils ont été nommés, toutes les fois qu'il en sera requis par le Greffier du Juri de Police de la paroisse, et indiquant au dit Greffier toutes les changements dans les nominations.

9o. De faire un rapport au Juri de Police de cette paroisse, à chaque réunion régulière, de la manière dont les lois relatives aux patrouilles auront été exécutées, et indiquant tels changements ou amendements aux dites lois que l'expérience démontrerait comme nécessaires ou convenables.

10o. De donner conseil et avis à tous les capitaines ou chefs de patrouilles, relatifs aux devoirs qui leur sont imposés par la loi, toutes les fois qu'il en sera requis, de leur donner aide et assistance pour faire leurs rapports, en leur fournissant des Blancs pour cet effet, et leur indiquant la manière dont ils doivent être remplis.

11o. De procurer ou faire imprimer tels livres, papiers, blancs, &c., qui seraient nécessaires pour la formation et l'organisation des patrouilles, aux frais de la paroisse.

years in every five years, but may each retain his commission, and act under the same until he resigns, or is superseded by the parish Superintendent, and any person who refuses to serve as Captain of patrol, shall forfeit and pay a fine of not less than twenty-five dollars, nor more than five hundred dollars.

ART. 6th. It shall be the duty of every person appointed a Captain of patrol—

1st. To cause to be made, and always to keep, a list or roll of all persons in his district subject to patrol duty, and to cause to be enrolled, from time to time, every person so liable, who shall arrive at the age of sixteen years, or who shall come to reside in his district, which list or roll he shall keep in a book, agreeably to the form to be furnished by the Superintendent of patrol and deliver the same, and all books and papers, belonging to the office of Captain of patrol, to his successor in office, or to the said Superintendent.

2d. He shall divide the persons so enrolled into such number of squads as he may deem necessary, in such manner that there shall not be less than three persons to each squad, to each of which squads he shall appoint a fit person as leader.

3rd. He shall cause patrols to be made in his District, or out of it, if relieved by the Superintendent, in such manner that his whole district shall be patrolled at least once in every week, and as much oftener as he may deem it expedient.

4th. He shall pay attention that all patrols ordered take place, and make return of all de-

ART. 4. Dans le cas ou le dit Surintendant de paroisse se trouverait dans l'impossibilité d'agir, ou résiguerait ou serait déchargé, ou se trouverait absent, ses devoirs seront remplis par le président du Juri de Police, jusqu'à ce que le dit Surintendant soit en état de reprendre ses travaux, ou qu'une autre personne soit nommée à sa place.

ART. 5. Les personnes qui seront nommées capitaines de patrouilles seront obligées de servir deux ans dans chaque intervalle de cinq années, mais chacun d'eux pourra retenir sa commission et agir en la même qualité jusqu'à ce qu'il ait résigné, ou qu'il soit démis par le Surintendant de paroisse, et toute personne qui refuserait de servir comme capitaine de patrouille aura forfait et paiera une amende qui ne sera pas moins de vingt piastres ni plus de cinq cents piastres.

ART. 6. Il sera du devoir de toute personne nommée capitaine de patrouille :

1o. De faire faire et toujours avoir une liste ou rôle de toutes les personnes de son district sujettes au service de patrouille, et de faire enrôler de temps à autre toutes les personnes ainsi sujettes qui atteindraient l'age de seize ans, ou qui arriveraient dans son district, pour y résider, laquelle liste ou rôle sera tenu par le dit capitaine conformément à la manière qui lui sera indiquée par le Surintendant, et il remettra la dite liste ou rôle et tous les livres et papiers, appartenant au bureau du capitaine de patrouille, à son successeur, ou au dit Surintendant.

2o. Il divisera les personnes ainsi enrôlées en

linquent leaders of Patrol, or members of a
Patrol to any Justice of the Peace in the Parish,
within twenty-four hours after any delinquency
shall have come to his knowledge.

5th. To take (at such time as he may deem it
expedient,) command of any squad or squads
that may be either out, or that he may order
out, and patrol therewith, in which case he shall
report to the Superintendent of patrol, stating
fully the reasons that induced him to assume the
command.

6th. To make returns of the state of his district to the Superintendent of patrol, in the
manner required, and agreeably to the forms
to be furnished on the first day of March, June,
September and December in every year. He
shall deliver to each leader of patrol, a commission of his appointment, stating therein the
number of his squad, and endorsing thereon the
names of the leaders of patrols in the district,
and the names of the persons composing his
squad, which will be sufficient authority for him
to command such persons to patrol.

7th. To have power to dismiss any leader of
patrol, accept their resignations, and fill all va-
cancies that may occur, and

8th. To be bound to obey all orders, or instructions, issued by the parish Superintendent
of patrols.

9th. Any Captain of patrol who shall fail to
perform any of the duties imposed on him by
this section, shall forfeit and pay a fine not less
than ten dollars nor more than fifty dollars.

ART. 7th. The persons to be appointed as
leaders of patrol shall be freeholders, and be

autant de détachements qu'il jugera nécessaire,
et de telle manière qu'il n'y ait pas moins de
trois personnes dans chaque détachement, pour
chacun desquels il nommera une personne capable comme chef.

3o. Il fera faire patrouille dans son district ou
hors de son district si ordre lui en est donnée
par le Surintendant, de telle manière que tout
le district soit parcouru au moins une fois par
semaine ou plus s'il le juge à propos.

4o. Il veillera à ce que toutes patrouilles qui
seront ordonnées aient lieu, et il fera un rapport
désignant les délinquants, soit chef ou membre
de patrouilles, au Juge de paix le plus près
dans les vingt-quatre heures après que la contravention sera venue à sa connaissance.

5o. De prendre à tel temps, quand il le jugera
urgent, le commandement d'un ou plusieurs détachements qui seraient dehors ou qui pourraient recevoir l'ordre de sortir, et de faire
patrouille à leur tête ; dans lequel cas il fera un
rapport au Surintendant, expliquant clairement
les raisons qui l'auront porté à en prendre le
commandement.

6o. De faire des rapports de la situation de
son district au Surintendant des patrouilles, de
la manière requise et conformément à la forme
qui sera fournie, le 1er jour de mars, juin, sep-
tembre et décembre de chaque année. Il remettra, à chaque chef de patrouille, une commission de sa nomination, qui mentionnera le
numéro de son détachement, et y endossera les
noms des chefs de patrouilles du district, ainsi
que ceux des personnes composant son détachement ; preuves suffisantes de son autorité comme
commandant des dites personnes.

at least twenty-one years of age, and shall be bound to serve one year in every two years. And the said leaders of patrol shall be bound, and it shall be their duty—

1st. To attend personally, and lead every patrol that may be ordered.

2d. To obey all orders issued by their Captain, or the parish Superintendent.

3d. To give, or cause to be given, to every person composing a patrol, verbal or written notice of the time and place of the meeting of patrol.

4th. To inform the Captains of the names of such persons as they may know are not enrolled.

5th. To see that each person under their orders attend and do their duty.

6th. To report to their Captain, within thirty-six hours after their patrol has gone its rounds, or sooner if necessary, the names of every delinquent in their squad, and the occurrences that may have happened, and

7th. To do and perform all such other duties as shall be enjoined on them by law.

8th. Any Leader of patrol who shall fail to perform any of the duties imposed on him by this article, shall forfeit and pay a fine not less than ten, nor more than fifty dollars, and in default of payment be imprisoned in the Parish Jail not more than twenty-four hours.

ART. 8th. The leaders of patrol when appointed, shall be numbered one, two, three, &c., and when two or more squads are ordered out at one time, or accidently meet, the lowest number shall command the others, and the said leaders of patrol shall have power—

1st. To call on any individual in the district

7o. Il aura le droit de décharger tout chef de patrouilles, d'accepter les démissions, et de remplir les places qui deviendraient vacantes.

8o. Il sera assujetti et obéira aux ordres ou instructions du Surintendant de paroisse des patrouilles.

9o. Tout capitaine de patrouilles qui manquera de remplir aucun des devoirs qui lui sont imposés par cette section-ci, aura forfait et paiera une amende qui ne sera pas moins de dix piastres ni plus de cinquante piastres.

ART. 7. Les personnes nommées comme chefs de patrouilles devront être propriétaires, au moins agées de 21 ans et devront servir une année sur deux. Et les dits chefs de patrouilles devront, et tel sera leur devoir :

1o. Assister en personne, et conduire toutes les patrouilles qui seront ordonnées.

2o. Obéir aux ordres de leur Surintendant de paroisse.

3o. Donner ou faire donner à chaque personne composant une patrouille, avis verbal ou écrit du temps et du lieu de l'assemblée de la patrouille.

4o. Informer les capitaines du nom de telles personnes qu'ils sauront n'être pas enrolées.

5o. De veiller à ce que chaque personne qui sera sous leurs ordres, soit présente et fasse son devoir.

6o. De faire un rapport au capitaine, trente-six heures après que la patrouille aura fait sa tournée, ou plutôt, si cela est nécessaire, du nom des délinquants et des circonstances qui auraient eu lieu.

7o. Exécuter tels autres devoirs qui lui seront prescrits par la loi.

for aid and assistance ; or on any leader of patrol for the aid of his squad, the leader called upon to be subject to and obey the orders of the leader who makes the call.

2d. To either patrol with his whole squad, or divide them into detachments, as he may deem necessary—or detach or order one or more of his squad on a particular service, when he deems it expedient.

ART. 9th. Whenever a patrol, or squad of patrol, is ordered on duty, or is on duty, or it is its turn to patrol, and the leader thereof is either absent. or unable to attend, or is compelled to absent himself, the said leader shall deliver or cause to be delivered his commission to one of the patrol, being a freeholder and 21 years of age and shall be by him retained, during the tour of duty, or until the leader assumes command. The person having the commission aforesaid shall be leader of the patrol, and command the same, under the same responsibilities, penalties, and forfeitures, as if he was named in the commission as the leader of that patrol, and the members of the patrol shall be bound to obey the person in possession of the commission as aforesaid, under the penalties prescribed for disobedience of orders.

ART. 10th. It shall be the duty of every patrol, or detailment thereof to patrol within the limits of the Parish pointed out by the Captain or Superintendent, and in case of necessity within the bounds of the entire district, during the hours either of night or day, as they may be ordered, or to the leader may seem fit, to maintain tranquility in and watch over the safety of their district or limits, to arrest and detain all

8o. Tout chef de patrouille qui manquera de remplir aucun des devoirs qui lui sont imposés par cet article aura forfait et paiera une amende qui ne sera pas moins de dix piastres ni plus de cinquante piastres, et au defaut de paiement, il sera emprisonné dans la prison de paroisse pas plus de vingt-quatre heures.

Art. 8. Les chefs de patrouilles, après la nomination, seront numérotés un, deux, trois, &c., et quand un ou plusieurs détachements auront ordre de sortir en même temps, ou se trouveront réunis accidentellement, le premier numéro aura le commandement, et les dits chefs de patrouilles auront le droit :

1o. De demander aide et assistance à tout individu résidant dans le district, et à tout chef de patrouille l'assistance de son détachement. Le chef de patrouilles dont on aura demandé l'assistance sera sous les ordres de celui qui l'aura requise.

2o. De faire patrouille soit avec tout son détachement, soit en le divisant, ou en détachant une ou plusieurs personnes pour un service particulier, suivant qu'il le jugera convenable.

Art. 9. Quand une patrouille ou un détachement de patrouille aura ordre de faire un service, ou qu'elle sera en course, et que son chef sera absent, ou incapable d'agir, ou qu'il sera contraint de s'absenter, le dit capitaine donnera ou fera remettre sa commission à un de la patrouille, pourvu qu'il soit propriétaire et de l'age de 21 ans, et il en restera possesseur durant le temps de service qui resterait au chef qu'il remplace à faire, ou jusqu'à ce que ce dernier ait repris le commandement. La personne

free persons whom they shall find committing disorders or disturbing the public peace, and all vagabonds and suspicious persons, and carry them within twelve hours thereafter, before any Justice of the Peace in the Parish—to enter on all plantations, to visit the negro huts, or places suspected of entertaining unlawful assemblies of slaves.

ART. 11th. Any person subject to patrol duty, who shall refuse or neglect to attend any patrol with his arms, when ordered, or to send a substitute in his place, to be accepted by the leader of the patrol, or who, having once attended, shall absent himself without the permission of the leader of patrol, or who shall be guilty of disobedience of orders, or disorderly conduct when on duty, or who shall neglect or refuse to aid and assist a patrol when required by the leader thereof, shall forfeit and pay a sum that shall not exceed fifty dollars, nor be less than ten dollars, and in default of payment be imprisoned in the Parish Jail not more than twenty-four hours.

ART. 12th. All slaves who shall be found at any unlawful assembly of slaves—all slaves who shall be found out of the plantation or place to which they belong, or where they are habitually employed, or who shall be found strolling, without the permission in writing, required by law, or some token, known to the patrol, and that may have been agreed upon with the owner, or person having such slaves in charge—all slaves having a permission or token, who shall be found out of the direct road going to or from the place they have permission to go to and

possesseur de la dite commission sera chef de la
patrouille, et la commandera sous les mêmes
résponsabilités, et sera sujette aux mêmes peines
que si elle était nommée dans la commission,
comme chef de cette patrouille, et les membres
devront obéir à la personne mise en possession,
comme il a été dit, sous peine d'encourir les peines
prescrites, en cas de désobéissance aux ordres.

Art. 10. Il sera du devoir de toute patrouille,
ou détachement, de faire patrouille dans les limites de la paroisse, indiquées par le capitaine
ou le Surintendant, et en cas de nécessité, dans
les limites du district entier pendant les heures,
de nuit ou de jour, pour lesquelles elles pourraient être destinées, ou qu'il serait jugé à propos par le chef de la patrouille, pour maintenir
la tranquillité et veiller à la sureté de leur district ; d'arrêter et retenir toute personne libre
qu'elles trouveraient commettant des désordres,
ou troublant la paix publique, de même que les
vagabonds ou personnes suspectes ; de les tra-
duire, dans les douze heures qui suivront leur
arrestation, devant tout Juge de Paix dans la
paroisse ; d'entrer sur toutes les habitations, et
de visiter les cabanes à nègres, ou les endroits
soupçonnés de recevoir des réunions d'esclaves
contraires à la loi.

Art. 11. Toute personne sujette à un service
de patrouille, qui refuserait ou négligerait de se
rendre aux patrouilles, avec ses armes, quand
elle en aura reçu l'ordre, ou d'y envoyer un
remplaçant susceptible d'être accepté par le chef,
ou qui, après s'y être rendue une fois s'absente-
rait sans la permission du chef, ou qui se ren-
drait fautive de quelque désobéissance aux ordres

3

from—all slaves who shall be found gambling,
or looking on at others gambling, or permitting
gambling in their cabin, whether such gambling
be played with cards, or dice, or other things,
and whether such gambling be for amusement,
money or any other thing—all slaves who shall
refuse to surrender to, or shall resist or break
from a patrol, or shall give a false account
of themselves, or their business, to a patrol,
shall severally receive from the patrol a number of stripes, moderately inflicted, not to exceed fifty.

ART. 13th. All cards, dice or other things
used to gamble with, and found with any slave,
shall be taken and destroyed by the patrol,
and all animals, arms, or other things found with
a slave at any unlawful assembly of slaves, or
with any slave not having the permission required by law, shall be seized and taken possession of by the patrol, and disposed of as the law
directs.

ART. 14th. Any slave, who, to a patrol, or a
detachment of a patrol, shall refuse to surrender or shall escape from custody, or shall give
a false account of him or herself, or of his or
her business, shall receive not more than fifty
stripes, at the discretion of the Captain of patrol, which the person having charge of such
slave, shall be bound to cause to be inflicted,

ou d'une conduite irrégulière pendant le service,
ou qui refuserait ou négligerait d'aider et assister une patrouille lorsqu'elle en sera requise par
le chef, sera en contravention et paiera une
somme qui n'excèdera pas cinquante piastres et
ne sera pas moins de dix, et en defaut de paiement elle sera emprisonnée dans la prison de
paroisse pas plus de 24 heures.

ART. 12. Tous les esclaves qui seront trouvés
assemblés contrairement à la loi ; tous les esclaves qui seront rencontrés hors de la plantation ou de l'endroit auquel ils appartiennent, où
ils sont ordinairement employés, ou qui seront
rencontrés errant sans la permission écrite requise par la loi, ou qui ne seront pas munis
d'une marque connu par la patrouille et désig-
née par le propriétaire ou la personne ayant tels
esclaves en sa charge ; tous les esclaves qui,
bien qu'ils aient une permission ou marque, seront trouvés hors de la route directe, allant ou
venant de l'endroit où ils auraient permission
d'aller ; tous les esclaves qui seront trouvés à
jouer, ou regardant d'autres jouer, ou qui auraient consenti de laisser jouer dans leur cabane,
soit avec des cartes, dés, ou autres objets, et soit
que tels jeux aient lieu pour leur amusement,
ou pour de l'argent ou tout autre chose ; tous
les esclaves qui refuseront de se rendre à la patrouille, résisteront ou chercheront à fuir, ou qui
donneront de faux indices sur eux-mêmes, ou
sur leur but, recevront, de la dite patrouille, un
nombre de coups de fouet, modérément infligés,
qui n'excèdera pas cinquante.

ART. 13. Tous jeux de cartes, de dés, ou autres objets employés pour jouer, qui seront trou-

on the demand of the Captain of patrol, and in case of refusal or neglect, every such person shall forfeit and pay a fine of not less than twenty nor more than one hundred dollars, and in default of payment be imprisoned in the Parish Jail not more than twenty-four hours: Provided that no slave shall be stopped if sent in behalf of a sick person, but the fact shall be reported, and if found to be false, the slave shall be punished as aforesaid.

ART. 15th. The permission, in writing, to be carried by a slave, shall be in conformity with the laws of the State, and shall be in the following form, to-wit :

The bearer, (negro or mulatto,) named ——, has leave to go from —— to —— for —— days, (or hours,) dated the same day of the delivery ; which said permission shall be signed by the owner, or with his consent, and shall only serve for the time necessary for the slave to perform the object of such permission.

ART. 16th. There shall be forfeited, and paid as a fine, not less than twenty-five dollars, nor more than one hundred dollars, and in default of payment be imprisoned not more than twenty-four hours in the Parish Jail—

1st. By whomsoever shall represent himself

vés entre les mains d'un esclave, seront saisis et
détruits par la patrouille ; et les animaux, armes,
et autres choses trouvées avec des esclaves for-
mant une réunion défendue par la loi, seront
saisis par la patrouille pour qu'il en soit disposé
comme la loi l'ordonne.

Art. 14. Tout esclave qui aura refusé de se
rendre à la patrouille, ou à un détachement de
patrouille, et qui aura échappé ou qui aura fait
un faux rapport sur lui-même, ou sur son but,
recevra pas plus de cinquante coups de fouet à
la discrétion du capitaine de patrouille que devra lui infliger, ou lui faire infliger la personne
chargée du dit esclave, sur la demande du capitaine de patrouille, et en cas de refus ou de né-
gligence, la dite personne sera en contravention
et paiera une amende qui n'excèdera pas cent piastres, et qui ne sera pas moins de vingt piastres,
et au defaut de paiement elle sera emprisonnée
dans la prison de paroisse pas plus de vingt-
quatre heures.  Il est prévu qu'un esclave qui
serait en course pour le secours d'une personne
malade, ne pourra être arrêté ; mais le fait devra être rapporté ; et s'il se trouvait faux, le dit
esclave sera puni comme il a été dit précédem-
ment.

Art. 15. La permission écrite, dont un esclave devra être porteur, sera conforme aux lois
de l'Etat et sera comme suit :

Le (nègre ou mulatre) porteur du présent,
nommé ———— a permission d'aller de ——— à
——— pendant l'espace de ——— jours, (ou heures,)
datée du jour qu'elle sera remise, et signé par le
propriétaire du dit esclave, ou de son consente-
ment, et ne sera valable que le temps nécessaire
à l'esclave, pour remplir l'objet de la permission.

as a captain or as a leader, or as a member of a
patrol on duty, without sufficient authority for
doing so.

2d. By whoever shall, when called upon, refuse or neglect to aid and assist any patrol, or
any member thereof, in the discharge of their
or his duty.

3d. By whoever shall, when required, neglect or refuse to comply with any lawful order
given by a captain or leader of a patrol, or
given by a member of a patrol on duty.

4th. By whoever shall resist or oppose, or
shall obstruct or annoy, or shall abuse or insult, or shall behave in a disrespectful manner
to any patrol, or to any captain, leader, or member of a patrol, whilst in the lawful discharge
of their duty either as a patrol, or as a captain,
leader, or member of a patrol.

5th. By whoever, in the presence of a slave,
or who, within the hearing of a slave, and
knowing a slave to be either present or within
hearing, shall resist, or oppose, or shall obstruct, or annoy, or shall insult or use abusive
language, or shall behave in a disrespectful
manner to any patrol, or squad, or detachment
of a patrol, whilst acting in the lawful discharge
of their duty or duties.

6th. By whoever shall take away, or drive
away, any animal, or shall let loose any ani-

ART. 16. Sera en contravention et passible d'une amende qui n'excèdera pas cent piastres et qui ne sera pas moins de vingt-cinq piastres, et au defaut de paiement emprisonnement dans la prison de paroisse pas plus de vingt-quatre heures :

1o. Quiconque se donnera comme capitaine, chef, ou membre d'une patrouille en activité, sans y être légalement autorisé.

2o. Quiconque refusera ou négligera d'aider et assister, quand il en sera requis, une patrouille ou un membre de patrouille, dans l'accomplissement de son devoir.

3o. Quiconque négligera ou refusera, quand il en sera requis, d'obéir à un ordre légal, donné par un capitaine, chef ou membre de patrouille en activité.

4o. Quiconque s'opposera, résistera, entravera, trompera, ou insultera, ou agira d'une manière outrageante envers un capitaine, chef ou membre de patrouille, dans le moment qu'ils rempliront légalement leur service, soit comme patrouille, soit comme capitaine, chef ou membre.

5o. Quiconque, en présence d'un esclave, ou à la portée d'être entendu de lui, résistera, entravera, insultera ou emploiera un langage insultant, ou agira d'une manière outrageante envers une patrouille, ou un détachement de patrouille, ou un capitaine, chef, ou membre de patrouille, pendant qu'ils feront leur service, ou rempliront leurs devoirs.

6o. Quiconque prendra, ou amènera, ou fera échapper d'un enclos, ou autre endroit, un animal qui y serait, et qui appartiendrait, ou serait

mal, or shall let out of any enclosure or other place, where it may have been put, any animal, such animal either belonging to, or being in charge of any ⸱patrol, or to any person employed by a patrol.

7th. By whoever shall take or carry away, or shall in any manner injure or destroy any animals, article or thing seized by any patrol or by any member of a patrol—or being in the care or charge of, or belonging to any patrol or any member of a patrol, or to any person employed either by a patrol or by a member of a patrol.

8th. By whoever shall neglect or refuse to admit a patrol, or any member of a patrol, on duty, into such places under his or her control, as the leader of patrol may lawfully visit, inspect or search.

9th. By whoever shall be found in the cabin or house of any slave or slaves, and not being the owner, or having the charge of any such slave or slaves.

10th. By whoever shall intentionally give to the Chief Captain of Patrol, or to a captain, leader, or a member of patrol, any false information either relative to the patrol, or that may cause a patrol to be ordered out, or that may change the route of a patrol on duty, or as to the conduct of a captain, or leader, or member of a patrol.

11th. By whoever shall be found gambling with any slave, or slaves, at any kind of gambling.

ART. 17th. It shall be the duty of the Parish Constable to receive and deliver personally to

à la charge de la patrouille, ou d'un membre de patrouille, ou de toute autre personne employée par une patrouille.

7o. Quiconque prendra, ou amènera, endommagera, ou détruira un animal ou un objet quelconque saisi par la patrouille, ou par un membre d'une patrouille,—ou étant aux soins ou à la charge de, ou appartenant à une patrouille, ou à un membre d'une patrouille, ou à une personne employée soit par une patrouille ou par un membre d'une patrouille.

8o. Quiconque négligera, ou refusera d'admettre une patrouille, ou un membre quelconque d'une patrouille, qui serait en activité, dans les endroits qui sont sujets à leur surveillance, et de la manière que le chef de patrouille pourrait le juger nécessaire.

9o. Quiconque sera trouvé dans la cabane ou la maison d'un esclave ou d'esclaves, dont il ne serait pas le propriétaire, ou dont il ne serait pas chargé.

10o. Quiconque, avec intention, donnera une fausse information au capitaine en chef, à un capitaine, chef, ou à un membre d'une patrouille, relative à la patrouille, ou qui occasionnerait qu'une patrouille ait ordre de sortir ; ou qui changerait la route d'une patrouille en service ; ou relative à la conduite d'un capitaine, d'un chef, ou d'un membre d'une patrouille.

11. Quiconque sera découvert jouant avec un esclave, ou des esclaves, à un jeu quelconque.

Art. 17. Il sera du devoir du Constable de Paroisse de recevoir et remettre en personne, aux personnes vers lesquelles il sera envoyé, toutes les commissions, ordres, ou avis ordonnés

4

the person to whom they may be addressed all commissions, orders, notices or commissions issued by the Parish Superintendent of Roads and Patrol, relative to the patrol, without delay, and take receipts when necessary, and make returns of all services by him made to the said Superintendent.

Art. 18th. That all fines and forfeitures imposed by this Ordinance shall be prosecuted and recovered on information before any Justice of the Peace in this Parish, in the name of the Parish of St. Landry, for the use of said Parish, and shall be paid into the Treasury of the Parish and applied as the other funds thereof: *Provided*, That the Justice of the Peace, before whom any matter arising under the provisions of this ordinance may be tried, shall judge of the sufficiency or insufficiency of any excuse that may be offered by any delinquent brought or cited before him, and shall give judgment accordingly.

Art. 19th. That the Parish Superintendent shall have the power to cause to assemble the whole Patrol of the Parish as often as he may think proper, at such place or places as he may designate, either on foot or on horseback and with or without arms. It shall also be his duty to designate to each patrol in each beat a place of rendezvous to rally in case of emergecy.

Art 20th. That the Superintendent of Patrols is hereby authorized to purchase powder, balls, and caps if necessary to carry out the objects of these ordinances.

par le Surintendant de paroisse des chemins et
patrouilles, relatifs aux patrouilles, sans délai ;
d'en prendre un reçu quand il sera nécessaire et
de faire un rapport de tous les services qu'il
aura rendu au Surintendant.

ART. 18. Toutes les contraventions prévues
par cette ordonnance seront poursuivies, et
toutes les amendes imposées seront recouvrables
pardevant n'importe quel Juge de Paix en cette
paroisse, au nom du trésorier de la paroisse de
St. Landry, pour l'usage de la dite paroisse, et
seront versées dans ce trésor et employées comme
les autres fonds ; Il est prévu que le Juge de
Paix, devant lequel les poursuites provenant des
dispositions de cette ordonnance auront lieu,
considérera la validité ou non validité des ex-
cuses qui pourraient lui être présentées par les
délinquants traduits ou cités devant lui, et le
jugement sera rendu en conséquence.

ART. 19. Que le Surintendant aura le pouvoir
de faire réunir toute la patrouille de la paroisse
aussi souvent qu'il le jugera à propos, à tel endroit ou endroits qu'il pourra désigner, soit à
cheval ou à pied et avec ou sans armes. Il aura
aussi dans son arrondissement un endroit de ren-
dez-vous pour se réunir au cas de besoin.

ART. 20. Que le Surintendant de patrouilles
est par le présent autorisé d'acheter de la pou-
dre, des balles et des capsules s'il est nécessaire
pour mettre en execution ce que demandent
ces ordonnances.

ART. 21st. That all Ordinances, Resolutions and Orders of this Jury, heretofore passed on the subject of patrol, and conflicting with the provisions of this Ordinance, be and they are hereby repealed.

Ordained October 29th, 1862.

ELBERT GANTT, President.

JOS. D. RICHARD, Clerk.

ART. 21. Toutes les ordonnances, résolutions et ordres du dit Juri, passées antérieurement et relatifs aux patrouilles, et qui sont en contravention avec les provisions de cette ordonnance sont par la présente rappelés.

Ordonné le 29me jour d'Octobre, 1862.

ELBERT GANTT, Président.

Jos. D. RICHARD, Greffier.

9 781348 207030